Dr. Michael Landsman

Von Herzen dienen

Bestell-Adresse:

Deutschland:
Wort des Glaubens, Verlags-GmbH
Am Kiesgrund 2−4 · D−8016 Feldkirchen / München

VON HERZEN DIENEN

Dr. Michael Landsman

© Titel der Originalausgaben:
The Attitude of a Servant · ISBN 0-89274-385-9
Doubling Your Ability through God · ISBN 0-89274-266-6
© 1987 u. 1982. Michael Landsman, Ph. D.
P.O. Box 865, South Plainfield, New Jersey 07080-0865, USA
Aus dem Englischen übersetzt

© der deutschen Ausgabe: Dr. Michael Landsman
ISBN 3-924054-44-4

1. Auflage, Juli 1990

Die Bibelstellen sind in der Regel
der Schlachter-Übersetzung entnommen.

Nachdruck, auch auszugsweise,
ist ohne schriftliche Genehmigung
nicht gestattet.

Printed in Germany

Herstellung
Satz: Wort des Glaubens, Verlags-GmbH · Treiber-Offset, München
Druck: J. Adolf Schwarz, Lindenberg/Allgäu

Inhaltsverzeichnis

Vorwort

Kapitel 1	Die richtige Herzenseinstellung	... 9
Kapitel 2	"Erschaffen in Christus zu guten Werken"	... 17
Kapitel 3	Das Gleichnis von den Talenten	... 23
Kapitel 4	Gebrauche das, was du hast	... 33
Kapitel 5	Treue – der entscheidende Faktor	... 37
Kapitel 6	Der Sinn Christi	... 49
Kapitel 7	Das Motiv des Herzens	... 53
Kapitel 8	Die Aufgaben eines Knechts	... 61
Kapitel 9	Das Paradoxon der Größe	... 67

Vorwort

Jesus Christus hat uns – den Gläubigen – durch Seinen eigenen Wandel ein Beispiel hinterlassen, wie wir als Seine Nachfolger leben sollen. In Seinen Lehren betonte Er oftmals die Wichtigkeit unserer Herzenseinstellung.

Er selbst war das vollkommene Vorbild eines Knechts, der entschlossen war, den Willen Gottes von ganzem Herzen zu tun. Er bewies durch Sein Leben, daß es nicht ein Zeichen von Schwäche ist, von Herzen dienen zu wollen, sondern daß es vielmehr von Kraft und innerem Frieden zeugt.

Solange wir nicht erkannt haben, daß wir als Kinder Gottes nicht nur Rechte, sondern auch eine Verantwortung haben, werden wir nicht wirklich bereit sein zu dienen. Ein wahrer Knecht ist seinem Herrn völlig hingegeben. Dies ist jedoch nur dann möglich, wenn er eine tiefe Vertrauensbeziehung zu ihm hat. Die Herzenseinstellung eines Knechts entscheidet, ob er willig ist, die Aufgaben, die sein Herr ihm aufträgt, auszuführen.

Genauso wirkt sich unsere Herzenshaltung entscheidend auf unser Leben mit Gott aus. Wir müssen stets die richtige Einstellung bewahren, damit wir Seinen vollkommenen Willen ausführen können.

Kapitel 1

Die richtige Herzenseinstellung

In meinen Predigten sage ich oft: "Deine Herzenshaltung entscheidet über Sieg oder Niederlage in deinem Leben." Die Einstellung unseres Herzens bestimmt, was wir für Gott erreichen und wieviel Frucht wir in Seinem Reich bringen können.

Im Buch der Sprüche heißt es: *"Denn wie er in seinem Herzen denkt, so ist er..."* (Spr. 23,7; Erweiterte Übersetzung). Wir haben diesen Vers oft als Grundlage für ein Glaubensbekenntnis benutzt: "Ich habe die richtige Herzenshaltung. Ich sehe mich so, wie Jesus mich sieht. Ich habe den Sinn Christi." Ein solches Bekenntnis ist natürlich richtig, aber eine gute Herzenseinstellung muß *entwickelt werden*.

Eine richtige Herzenseinstellung ist von entscheidender Wichtigkeit, denn durch die innere Haltung herrschen wir entweder über die Umstände des Lebens, oder wir werden unterlegen sein. Sie bestimmt über Erfolg oder Versagen.

Das Wort "Einstellung" ist sehr interessant; im Lexikon wird es definiert als eine "verstandesmäßige Stellungnahme zu einer Tatsache oder einem Zustand".

Unsere Einstellung wird durch bestimmte Tatsachen oder Umstände verändert. Wenn du neue Informationen über einen Sachverhalt bekommst, wird sich dein Standpunkt, also deine Einstellung, entsprechend anpassen. Die "Informationen", die für einen Christen ausschlaggebend sind, sind in Gottes Wort enthalten. Wenn du die Wahrheiten der Schrift erkennst, sollte deine Einstellung − dein Sinn − erneuert und verändert werden.

Paulus schreibt in Röm. 12,1−2: *"Ich ermahne euch nun, ihr Brüder, kraft der Barmherzigkeit Gottes, daß ihr eure Leiber darbringet als ein lebendiges, heiliges, Gott wohlgefälliges Opfer: das sei euer vernünftiger Gottesdienst! Und passet euch nicht diesem Weltlauf an, sondern verändert euer Wesen durch die Erneuerung eures Sinnes, um prüfen zu können, was der Wille Gottes sei, der gute und wohlgefällige und vollkommene."*

Schon der erste Vers ist beachtenswert. Paulus appelliert an die Gläubigen in Rom: *"Ich ermahne euch..."* Eine Ermahnung ist keine Bitte und auch kein Vorschlag, sondern vielmehr eine eindringliche Aufforderung, etwas zu tun.

In der "Strong's Konkordanz" wird das griechische Wort für "ermahnen" auch "beschwören" übersetzt. Paulus *bat* sie nicht, "ihre Leiber als lebendiges, heiliges Opfer darzubringen". Er sagte auch nicht: "Ich wünschte, ihr würdet meinen Rat befolgen!" Er *beschwor* sie − er drückte sich so spezifisch aus, daß er bereits durch seine Wortwahl jede andere Möglichkeit ausschloß.

Zu Beginn meines Reisedienstes wurde ich immer von meiner Familie begleitet. Wenn wir dann auf unserem Hotelzimmer waren, fragte mich meine Frau gewöhnlich: "Liebling, möchtest du mir nicht helfen, die Kinder zu Bett zu bringen?" Und sie erhielt die Antwort, die sie durch die Formulierung ihrer Frage gewissermaßen schon vorprogrammiert hatte: "Nein!"

Als sie dies bemerkte, fragte sie nicht mehr: "Möchtest du mir nicht helfen?" – sondern sie forderte mich auf: "Schatz, ich brauche deine Hilfe! Bring' bitte die Kinder zu Bett!"

Sie war natürlich immer noch nett und freundlich, doch ihre Worte schlossen ein "Nein" von vorne herein aus. Ich konnte ihre Bitte nicht abschlagen. Was ich wollte, spielte in dem Augenblick überhaupt keine Rolle. Sie benötigte meine Hilfe – und bekam sie!

Als Paulus die Gläubigen in Rom aufforderte: *"Ich ermahne euch nun, ihr Brüder, kraft der Barmherzigkeit Gottes..."*, drückte er damit aus: "Brüder, weil Gott so barmherzig ist, daß Er euch errettet, geheilt, befreit, mit dem Heiligen Geist erfüllt und euch die Gaben des Geistes gegeben hat, habt ihr keine andere Wahl, als Ihm eure Leiber als wohlgefälliges Opfer darzubringen. Er hat euch Sein Leben, Sein Wesen und Seine Fähigkeit geschenkt. Ihm habt ihr es zu verdanken, daß es euch gutgeht. Ihr habt alles in Ihm! Ist es im Hinblick auf all das, was Gott bereits für euch getan hat, nicht das Mindeste, wenn ihr Ihm euren Leib als ein lebendiges Opfer darbringt?" – *So* ist diese Schriftstelle zu verstehen.

In der Erweiterten Übersetzung heißt es: *"...welches euer vernünftiger (zweckmäßiger, sinnvoller) Gottesdienst und geistlicher Lobpreis ist."* Es ist also vernünftig, zweckmäßig und sinnvoll, wenn ich Gott diene und Ihn verherrliche, indem ich Ihm meinen Leib als wohlgefälliges Opfer zur Verfügung stelle.

Wenn mein Herz mit den Gedanken erfüllt ist: "Gott, ich gehöre Dir, Du hast so viel für mich getan, was kann ich jetzt für Dich tun? Was möchtest Du?" – dann hat Gott Wohlgefallen an meiner Einstellung.

Der nächste Vers verdeutlicht den Zusammenhang noch zusätzlich: *"Und passet euch nicht diesem Weltlauf an, sondern verändert euer Wesen durch die Erneuerung eures Sinnes..."*

"Verändern" bedeutet in diesem Zusammenhang "eine vollständige Metamorphose durchlaufen wie eine Raupe, die sich in einem Kokon zu einem Schmetterling verwandelt".

Paulus warnt: "Passet euch nicht diesem Weltlauf an! Paßt euch nicht dem Standard der Welt an. Laßt euch nicht durch ihre Maßstäbe unter Druck setzen! Verändert euch und erlaubt, daß durch die Erneuerung eures Sinnes eine vollständige Veränderung in eurem Leben stattfindet!"

Die Erweiterte Übersetzung lautet: *"...durch die [vollständige] Erneuerung eures Sinnes – durch neue Ideale und neue Einstellungen."* Durch die Erneuerung des Sinnes, die Veränderung deiner Herzenshaltung, werden wir eine neue Vorstellung – ein Bild, eine Vision – davon bekommen, wie wir sein sollen.

Neue Ideale

Weil unser Sinn durch das Wort Gottes erneuert wurde, können wir nun das Leben aus Gottes Sicht betrachten. Wir beurteilen alles anhand Seines Wortes.

"Einstellung" kann auch bedeuten "eine Position im Verhältnis zu einem festgesetzten Bezugspunkt". Für mich ist dies leicht verständlich, denn ich habe vor Jahren den Pilotenschein gemacht.

Jedes Flugzeug besitzt ein Instrument, das einen künstlichen Horizont anzeigt. Man sieht darauf ein kleines Flugzeug, den Himmel und die Erde. So erkennt man die Position, in der sich das Flugzeug befindet. In dichtem Nebel oder wenn man die Sicht aus einem anderen Grund verloren hat, ist es besser, sich auf dieses Instrument zu verlassen als auf das eigene Gefühl. Tut man es nicht, verliert man leicht die Orientierung.

Dieser "künstliche Horizont" zeigt an, ob das Flugzeug aufsteigt oder sinkt, ob es die richtige Richtung beibehält oder abdriftet. Es gibt Auskunft über die Position des Flugzeugs im Verhältnis zu einem festgesetzten Bezugspunkt — der Erde.

Ebenso ist unser Maßstab als Gläubige das Wort Gottes. Deine Herzenshaltung wird dadurch geprägt, welchen Standpunkt du zu den Aussagen in Gottes Wort einnimmst; und sie wird deine Handlungen bestimmen.

Als ich anfing, die Herzenseinstellung eines Knechtes zu studieren, zeigte mir der Herr, daß

Heiligkeit, Effektivität, reine Motive und das Verlangen zu dienen unbedingt notwendig sind. Er erinnerte mich an Gelegenheiten in meinem Leben, wo mir diese Grundhaltung zugute gekommen war.

Ich arbeitete fünfeinhalb Jahre lang als seelsorgerlicher Berater bei der Polizei in Los Angeles. Ich betreute keine Sträflinge, sondern war direkt an der "Front": Ich fuhr Streife und hatte zum Beispiel mit Kriminellen zu tun, die sich verbarrikadiert hatten. Einige von ihnen hatten sogar Geiseln genommen. Außerdem mußte ich mich um Selbstmordkandidaten kümmern und Familienfehden schlichten. Was für eine "einfache" Aufgabe!

Nachdem ich etwa ein Jahr lang dort tätig gewesen war, hielt ich es für notwendig, einheitliche Richtlinien für alle unsere seelsorgerlichen Berater aufzustellen. Ich notierte meine Vorschläge und zeigte sie einem meiner Vorgesetzten. Er war sehr freundlich und lud mich zum Essen ein; er hörte mich zwar an, lehnte aber schließlich dankend ab.

Etwa zwei Jahre später fand ein eintägiges Treffen meiner Kollegen statt. Nach einem Gedankenaustausch machte dieser Vorgesetzte verschiedene Verbesserungsvorschläge. Es waren genau dieselben Ideen, die ich ihm zwei Jahre zuvor unterbreitet hatte.

Er hatte einige Kleinigkeiten geändert und präsentierte dann ein umfassendes Programm, das "auf der Grundlage verschiedener Vorschläge von Mitarbeitern" ausgearbeitet worden war.

Es wurde *sein* Projekt. Aber ich war Gott dankbar, daß wenigstens ein Teil dessen, was ich für notwendig erachtet hatte, zustandegekommen war. Wenn dir die Verwirklichung eines Projekts wichtig ist und du von ganzem Herzen dienen möchtest, ist es nicht wichtig, wem die Anerkennung dafür zukommt.

Überheblichkeit oder
"neues Selbst"-Bewußtsein

Es ist wichtig, daß du deinen Charakter anhand von Gottes Wort prüfst. Wenn du überzeugt bist: "Ich kann dies tun, weil *ich alles vermag, durch den, der mich stark macht, Christus*" (Phil. 4,13), hast du die richtige Einstellung! "Was ich auch tue, ich bin nur durch Jesus dazu fähig. Preis dem Herrn, das sind die Ergebnisse, die ich durch Ihn erzielt habe!"

Vielleicht denkst du jetzt: "Bruder, so etwas würde ich aber nie sagen!" – Doch im Gleichnis von den Talenten in Matthäus 25 lesen wir, daß der Knecht auf dieselbe Weise antwortete, als der Herr die Abrechnung forderte: "Herr, hier siehst du, was ich mit den Talenten getan habe, die du mir anvertraut hast!"

Er mußte nicht gestehen: "Ich habe überhaupt nichts getan", sondern er berichtete: "Du hast sie mir gegeben, und ich habe doppelt soviel damit erwirtschaftet." Es war ihm bewußt, daß er das, was er besaß, von seinem Herrn bekommen hatte. Er hatte gewagt, die Talente einzusetzen, und einen Gewinn erwirtschaftet. Du mußt Vertrauen zu deinem "neuen Selbst" haben!

Nachdem der Herr mir dies gezeigt hatte, teilte ich meinem Pastor mit: "Ich habe ein ganz neues Selbstvertrauen, weil ich erkannt habe, daß ich in Christus eine neue Schöpfung bin und durch Ihn alles tun kann."

Er entgegnete: "Das ist gut, denn deswegen bist du ein so großer Segen für mich." Das ist der Unterschied zwischen Menschen, die selbständig sind, und anderen, die immer jemanden brauchen, der ihnen ständig sagen muß, was sie tun sollen.

Römer 12, 3
3 Denn ich sage kraft der Gnade, die mir gegeben ist, einem jeden unter euch, daß er nicht höher von sich denke, als sich zu denken gebührt...

Es ist sehr wichtig, daß wir die Bedeutung der Herzenshaltung eines wahren Knechtes des Herrn erkennen. Wenn du diese Haltung einmal entwickelt hast, ist dein "Selbstbewußtsein" kein Problem mehr. Ein wahrer Diener läßt Stolz und Eigensinn nicht aufkommen; er mißt seinem "Selbstvertrauen" den angemessenen Wert bei.

Kapitel 2

"Erschaffen in Christus zu guten Werken"

Epheser 6, 5–8
5 Ihr Knechte, gehorchet euren leiblichen Herren mit Furcht und Zittern, in Einfalt eures Herzens, wie dem Herrn Christus;
6 nicht mit Augendienerei als Menschengefällige, sondern als Knechte Christi, die den Willen Gottes von Herzen tun;
7 dienet mit gutem Willen, als dem Herrn und nicht den Menschen,
8 da ihr wisset, daß ein jeder für das Gute, das er tut, vom Herrn belohnt wird (–) er sei ein Knecht oder ein Freier.

Die Erweiterte Übersetzung verwendet statt *"in Einfalt eures Herzens"* den Ausdruck *"aus reinen Motiven"*. Das solltest du in deine Bibel hineinschreiben! In Vers 6 heißt es: *"... nicht mit Augendienerei als Menschengefällige, sondern als Knechte Christi, die den Willen Gottes von Herzen tun."* Hier wird also eine Herzenshaltung auf zweierlei Weise beschrieben: daß unsere Motive rein sein sollen und wir den Willen Gottes von Herzen tun wollen.

Es ist Gottes Wille, daß wir Ihm dienen. Es ist Sein Wunsch, daß wir Frucht bringen und ein Segen für andere sind. Adam wurde im Ebenbild

Gottes geschaffen. Seine Sünde hatte zur Folge, daß im Innern aller Menschen eine Leere war, die erst dann ausgefüllt wird, wenn sie wieder in die Gemeinschaft mit Gott zurückkehren. Das geschieht, indem wir Jesus zu unserem Herrn machen. In diesem Augenblick wird unser Geist – unser innerer Mensch – neu geschaffen.

In Eph. 2,10 heißt es, daß wir *"erschaffen* (sind)*in Christus Jesus zu guten Werken, welche Gott zuvor bereitet hat, daß wir darin wandeln sollen"*. Gott hat aus Liebe bereits Werke vorbereitet, die wir durch Seine Kraft und Fähigkeit ausführen sollen.

Nachdem wir nun von neuem geboren und mit dem Heiligen Geist erfüllt sind, lieben wir den Herrn von ganzem Herzen und haben den Wunsch, Ihm zu dienen. Wenn wir diesem Verlangen nicht nachgeben und uns nicht aktiv im Leib Christi einbringen, werden wir nach einiger Zeit – etwa nach zwei Jahren – feststellen, daß sich diese altbekannte Leere wieder in unserem Herzen breitgemacht hat, und wir fragen uns: "Was ist nur geschehen? Irgend etwas fehlt mir – aber was?"

Die Antwort darauf ist sehr einfach. Als wir Jesus zum Herrn unseres Lebens gemacht haben, verschwand die Leere aus unserem Herzen. Doch weil wir nicht unserem inneren Drängen gefolgt sind, etwas für den Herrn zu tun, entstand erneut eine Unzufriedenheit in uns. Gott hat uns zur Gemeinschaft mit Ihm *und* zum Dienst am Leib Christi berufen. Wir sind in Christus Jesus neugeschaffen *zu guten Werken*. Erst wenn wir auf diesen Teil unserer Berufung eingehen, wird unser Leben erfüllt und kraftvoll sein können.

Paulus beschrieb die "Knechte Christi" als Menschen, *"...die den Willen Gottes von Herzen tun..."* Es ist wichtig, daß deine Motive rein bleiben und den Willen Gottes von Herzen tust. Vielleicht fragst du dich: "Was ist der Wille Gottes für mich?" Gott wünscht Sich, daß du in jedem Bereich deines Lebens Seine Fülle genießt. Er hat Werke für dich vorbereitet, in denen du wandeln sollst, damit du gesegnet bist und ein Segen für andere sein kannst.

Als ich dies erkannte, konnte ich diese Zusammenhänge neu einordnen. Ich bin von Gott zu guten Werken berufen, und Er wird mich dafür belohnen. *"Da ihr wisset, daß ein jeder für das Gute, das er tut, vom Herrn belohnt wird..."* (Eph. 6,8). Wenn wir den Willen Gottes mit aufrichtigem Herzen tun, wird der Segen des Herrn in unserem Leben nicht ausbleiben.

Dein Lohn kommt nicht von Menschen, sondern von Gott. Wenn du Ihm also mit reinem Herzen dienst, ist es nicht wichtig, ob du Anerkennung von Menschen bekommst. Was immer du auch tust, du empfängst die Belohnung vom Herrn.

Meine beiden ältesten Kinder konnten dies beispielsweise erfahren, als sie meine Frau und mich auf einer Predigtreise nach Holland und Norwegen begleiteten.

Wir dienten dort im Missionswerk von Johan Maasbach in Den Haag. Michael und Linda hatten beschlossen, während dieser Zeit im Kassettendienst der Mission mitzuhelfen. Sie klebten Etiketten auf, füllten die Verkaufsständer auf und erfaßten Artikelnummern.

Sie waren so begeistert darüber, dem Herrn dienen zu können, daß sie ihre Tätigkeit gar nicht als Arbeit ansahen. Im Gegenteil, wenn es Zeit zum Essen war, mußten wir ihnen beinahe befehlen, sich hinzusetzen und zu essen. Sie hätten am liebsten nur ein paar Bissen hinuntergeschlungen, um sofort wieder an die Arbeit gehen zu können.

Sie halfen freiwillig und erwarteten keine Bezahlung. Ihre Bereitwilligkeit zu dienen war ein Ausdruck ihrer Liebe zu Gott.

Eines Abends sagte ich ihnen: "Der Herr wird euch für euren Dienst und eure Liebe zu Ihm belohnen." Ich erinnerte sie an Luk. 6,38: *"Gebet, so wird euch gegeben werden..."*

Sie hatten nicht geholfen, um etwas dafür zu bekommen, doch Gott würde sie für ihre Treue belohnen (Eph. 6,8; Spr. 28,20)!

An unserem letzten Tag in Holland ging meine Frau Martha noch einmal zum Markt, um einzukaufen. Dort gab es alles − von Kleidung bis Spielsachen. Plötzlich wurde sie von einer Frau angesprochen: "Ich war diese Woche in der Bibelschule und bin durch euren Dienst sehr gesegnet worden. Ich würde euren Kindern dafür gerne etwas schenken!"

Martha nahm die Geschenke in Empfang, und wir gaben sie unseren Kindern noch am selben Abend. Michaels erste Reaktion war:

"Schau, Linda, Papa hat uns ja gesagt, daß Gott uns segnen würde, weil wir Ihm gedient haben." Er erkannte sofort, daß die Gaben eigentlich von Gott kamen.

Sie waren nicht nur erfüllt und zufrieden, weil sie gute Arbeit geleistet hatten, sondern sie hatten zusätzlich von ihrem himmlischen Vater einen Lohn erhalten. Wenn du mit den richtigen Motiven dienst, wird nicht nur das Reich Gottes gefördert, sondern auch *du selbst* wirst gesegnet sein.

Kapitel 3

Das Gleichnis von den Talenten

Damit wir in den Werken wandeln können, die Gott für uns vorbereitet hat, hat Er einem jeden Seiner Kinder bestimmte Begabungen und Talente gegeben. Unser himmlischer Vater wird niemals von uns verlangen, daß wir etwas tun, wozu wir nicht die Fähigkeit von Ihm bekommen hätten. Wenn wir unsere Fähigkeiten zu Seiner Ehre einsetzen und sie nicht "vergraben", wird Gott unsere Talente und Begabungen sogar vermehren, damit wir noch effektiver in Seinem Reich mitarbeiten und größere Frucht hervorbringen können.

Matthäus 25, 14–30
14 Denn es (die Rede ist vom "Himmelreich", das bereits ab Vers 1 in Gleichnissen beschrieben wird) **ist wie bei einem Menschen, der verreisen wollte, seine Knechte rief und ihnen seine Güter übergab;**
15 dem einen gab er fünf Talente, dem andern zwei, dem dritten eins, einem jeden nach seiner Kraft, und reiste ab.
16 Da ging der, welcher die fünf Talente empfangen, hin und handelte mit ihnen und gewann fünf andere.
17 Desgleichen, der die zwei Talente empfangen, gewann auch zwei andere.
18 Der aber das eine empfangen hatte,

ging hin, grub die Erde auf und verbarg das Geld seines Herrn.

19 Nach langer Zeit kommt der Herr dieser Knechte und hält Abrechnung mit ihnen.

20 Da trat der hinzu, der die fünf Talente empfangen, brachte noch fünf andere Talente herzu und sprach: Herr, du hast mir fünf Talente übergeben; siehe, ich habe damit fünf andere gewonnen.

21 Sein Herr spricht zu ihm: Gut, du braver und treuer Knecht! Du bist über wenigem treu gewesen, ich will dich über vieles setzen; gehe ein zu deines Herrn Freude!

22 Da trat auch der hinzu, welcher die zwei Talente empfangen hatte, und sprach: Herr, du hast mir zwei Talente übergeben; siehe, ich habe zwei andere Talente gewonnen.

23 Sein Herr spricht zu ihm: Gut, du braver und treuer Knecht! Du bist über wenigem treu gewesen, ich will dich über vieles setzen; gehe ein zu deines Herrn Freude!

24 Da trat auch der hinzu, der das eine Talent empfangen, und sprach: Herr, ich wußte, daß du ein harter Mann bist; du erntest, wo du nicht gesät, und sammelst, wo du nicht ausgestreut hast;

25 und ich fürchtete mich, ging hin und verbarg dein Talent in der Erde. Siehe, da hast du das Deine!

26 Aber sein Herr antwortete und sprach zu ihm: Du böser und fauler Knecht! Wußtest du, daß ich ernte, wo ich nicht gesät, und sammle, wo ich nicht ausgestreut habe?

27 Dann hättest du mein Geld den Wechslern bringen sollen, so hätte ich bei meinem

Kommen das Meine mit Zinsen zurückerhalten.
28   Darum nehmet ihm das Talent weg und gebet es dem, der die zehn Talente hat!
29   Denn wer da hat, dem wird gegeben werden, damit er Überfluß habe; von dem aber, der nicht hat, wird auch das genommen werden, was er hat.
30   Und den unnützen Knecht werfet hinaus in die äußerste Finsternis. Dort wird das Heulen und Zähneknirschen sein.

Viele Gläubige lesen dieses Gleichnis mit der vorgefaßten Meinung, der Herr habe den Knechten die Talente lediglich zur gewissenhaften Aufbewahrung übergeben. Der Herr hatte seinen Knechten jedoch völlige Verfügungsgewalt über die Talente erteilt, als seien sie ihr ganz persönliches Eigentum! Wenn uns diese Tatsache nicht bewußt ist, werden wir die Bedeutung dieser Verse immer mißverstehen.

Jesus lehrte Seine Jünger, wie sie ihre Fähigkeiten und Talente vermehren konnten.

Der Begriff "Himmelreich" in Matth. 25,1 weist auf unser jetziges Leben im Reich Gottes hin. Als Jesus über das Himmelreich sprach, lehrte Er, wie man die Prinzipien, die bei Gott gelten, anwenden und durch sie im Leben herrschen kann (Matth. 16,19; 18,18; Eph. 2,6). Wenn wir das Gleichnis genau studieren, werden wir die Gesetzmäßigkeiten erkennen, die für das "Himmelreich" – das Reich Gottes – gelten.

In Vers 14 heißt es: *"... und ihnen seine Güter übergab..."* Der Herr vertraute seinen Knechten entsprechend ihrer Fähigkeit eine gewisse Anzahl von Talenten an, über die sie völlige Verfügungsgewalt hatten. Sie konnten so damit umgehen, als wären sie ihr persönliches Eigentum.

In Vers 15 des Gleichnisses lesen wir, wieviel der Herr jedem der Knechte ausgehändigt hat: Der erste erhielt fünf Talente, der nächste zwei und der dritte eines. Die Erweiterte Übersetzung macht deutlich, daß einem jeden Knecht die Talente *"nach seiner Kraft"* — also gemäß seiner Fähigkeit — zugeteilt wurden.

Ein Talent entsprach zur damaligen Zeit etwa einem Monatslohn. Der Herr hatte also jedem seiner Knechte ein kleines Vermögen übergeben. Der erste bekam — wenn wir es der Einfachheit halber in heutige Verhältnisse umrechnen wollen — 5000, der zweite 2000 und der dritte 1000 Dollar. Jeder Knecht erhielt genau den Betrag, mit dem er umzugehen vermochte — nicht mehr und nicht weniger!

Der Herr stellte also an keinen seiner Knechte eine Anforderung, der er nicht gewachsen war, sondern jeder sollte das einsetzen, was er bekommen hatte.

Bist du schon einmal gefragt worden, ob du in deiner Gemeinde mithelfen möchtest? Vielleicht hat man dich gebeten, Gäste aufzunehmen, im Ordnerdienst oder im Kinderdienst mitzuarbeiten. Man hat dir sicherlich niemals eine Aufgabe übertragen, die bereits ein anderer zufriedenstellend erledigte, sondern du bist entsprechend *deiner* Fähigkeit im Reich Gottes eingesetzt worden.

In dem Gleichnis, das wir gelesen haben, bekam jeder einzelne soviel, wie es seiner persönlichen Fähigkeit entsprach.

Wenn wir ein ähnliches Gleichnis im Lukas-Evangelium lesen, wird uns das oben beschriebene Prinzip noch verständlicher: "...(Der Herr) *gab ihnen zehn Pfunde und sprach zu ihnen: Handelt damit, bis ich wiederkomme!*" (Luk. 19,13). "Handeln" beschreibt eine konkrete geschäftliche Tätigkeit. In anderen Worten: Jeder Knecht bekam die Talente (einen Geldbetrag) entsprechend seiner Fähigkeit, um damit zu handeln oder zu arbeiten.

Als den Männern die Talente übergeben worden waren, hatten sie die Vollmacht, damit zu wirtschaften, als ob sie ihnen gehörten. Oft denken wir, daß der Herr nur genau das von uns zurückerwartet, was Er uns anvertraut hat, doch das war nicht der Fall! Er hatte ausdrücklich die Anweisung gegeben: *"Handelt damit...!"*

Aus Matth. 25,16–18 erfahren wir, was die Knechte mit dem Geld gemacht hatten. Derjenige, der die fünf Talente bekommen hatte, hatte mit ihnen gehandelt. Er hatte sie in Umlauf gebracht und so weitere fünf dazugewonnen. Der Knecht mit den zwei Talenten hatte dasselbe getan und zwei zusätzliche erwirtschaftet. Derjenige dagegen, der nur ein Talent empfangen hatte, hatte sein Geld in der Erde vergraben.

Als der Herr zurückkam, wollte er sehen, wie die Knechte die erhaltenen Talente verwaltet hatten. Er wollte das Geld nicht zurück; er wollte lediglich wissen, wie sie damit umgegangen waren, um sie für ihren Gehorsam und ihre Treue zu belohnen.

Wir wollen nun die Haltung der Knechte etwas näher betrachten. Jedem war gemäß seiner Fähigkeit gegeben worden. Die ersten beiden Knechte hatten offensichtlich dieselbe Herzenseinstellung. Als sie mit dem Herrn abrechneten, teilten sie ihm mit: "Du hast mir... übergeben, und *ich habe... dazugewonnen.*" Beide waren mit dem Geld so umgegangen, als wäre es ihr Eigentum, und sie berichteten nun, wieviel sie dazugewonnen hatten.

Viele Christen wollen ihre Demut zum Ausdruck bringen, indem sie darauf hinweisen: "Aber Bruder, ich würde niemals behaupten, daß *ich* etwas getan habe." Solche Worte klingen zwar demütig − doch sie entspringen einem Mangel an Erkenntnis! Natürlich können wir ohne Gott nichts tun, doch Er ist ja auch auf unsere Mitarbeit angewiesen. *Wir vermögen alles durch Christus,* der uns stark macht (Phil. 4,13).

Wir sind verantwortlich für das, was wir mit den Fähigkeiten tun, die Gott uns gegeben hat. Wir sollten kühn sein und sagen: "Herr, Du hast mir diese Begabungen gegeben, und ich habe sie zu Deiner Ehre eingesetzt!" Eine solche Einstellung gefällt Gott. Erinnere dich daran, daß uns das Gleichnis aus Matth. 25 lehrt, wie wir in Gottes Reich viel Frucht hervorbringen können.

Der Herr wollte seine Knechte nicht zurechtweisen oder bestrafen. Im Gegenteil, seine Absicht war, sie zu loben und zu belohnen: "Gut gemacht, ihr guten und treuen Knechte. Ihr sollt dafür belohnt werden, daß ihr die Talente vermehrt habt. Ihr seid über wenigem treu gewesen, ich will euch über vieles setzen; geht ein zu eures Herrn Freude."

Der dritte Knecht dagegen hatte nicht dieselbe Einstellung wie die anderen beiden. Er vergrub das Geld, das er von seinem Herrn bekommen hatte (Matth. 25,18). Das Geld war ihm übergeben worden, mit dem Auftrag: "Handle damit!" Seine falsche Einstellung zeigte sich am Tag der Abrechnung.

> **Matthäus 25, 24–25**
> **24 Da trat auch der hinzu, der das eine Talent empfangen, und sprach: Herr, *ich wußte, daß du ein harter Mann bist*; du erntest, wo du nicht gesät, und sammelst, wo du nicht ausgestreut hast;**
> **25 und *ich fürchtete mich*, ging hin und *verbarg* dein Talent in der Erde. Siehe, da hast du das Deine!**

Es ist nicht zu übersehen, daß der Knecht sehr ängstlich war. Angst führt entweder zu Untätigkeit oder zu Kurzschlußhandlungen. Der Knecht gestand: "Ich fürchtete mich vor dir und vergrub dein Geld. Hier hast du es wieder zurück."

Betrachtet man diese Verse nur oberflächlich, kann man zu dem Schluß kommen, daß der Herr tatsächlich das Geld zurückverlangte. *"Du böser und fauler Knecht...! (Du) hättest... mein Geld den Wechslern bringen sollen, so hätte ich bei meinem Kommen das Meine mit Zinsen zu-*

rückerhalten..." (Matth. 25,26–27).

Wenn wir das ähnliche Gleichnis im Lukas-Evangelium lesen, werden wir die Situation besser verstehen. Es heißt dort: *"Aus deinem Munde will ich dich richten, du böser Knecht..."* (Luk. 19,22). Aus den Worten des Knechts wird ersichtlich, daß er das Wesen und die Absicht seines Herrn völlig verkannt hatte.

Der Herr hatte dem Knecht die Talente übergeben, und er war derjenige, der durch seine Einstellung, seine Worte und sein Verhalten sein Urteil bestimmt hatte. Ich bin überzeugt, daß der Herr den Knecht auch gelobt hätte, wenn er das Talent investiert und dabei alles verloren hätte, denn er hätte zumindest einen Versuch unternommen, das Geld einzusetzen.

Genauso setzen viele Christen die Talente und Fähigkeiten nicht ein, die sie von Gott empfangen haben, weil sie aus Mangel an Erkenntnis ein falsches Gottesbild haben, das sie mit lähmender Angst erfüllt.

Gott hat dir Begabungen gegeben, damit du sie gebrauchst, um ein Segen für andere zu sein. Gott hat dich in eine Ortsgemeinde gesetzt, die deine Fähigkeiten dringend benötigt, damit das Werk des Dienstes getan werden kann (1. Kor. 12,18).

Dieselbe Wahrheit über die Gemeinde verdeutlicht Paulus im Epheserbrief: *"...damit der ganze Leib, zusammengefügt und verbunden durch alle Gelenke, die einander Handreichung tun nach dem Maß der Leistungsfähigkeit jedes einzelnen Gliedes, das Wachstum des Leibes voll-*

bringt, zur Auferbauung seiner selbst in Liebe" (Eph. 4,16). Wir brauchen einander, um den Auftrag Gottes zu erfüllen. Deshalb solltest du dein Talent einsetzen und anfangen, aktiv in Seinem Reich mitzuarbeiten.

Kapitel 4

Gebrauche das, was du hast

Wir wollen noch einmal die beiden treuen Knechte betrachten. Dabei werden wir nicht nur ihre Herzenseinstellung untersuchen, sondern auch ihre Frucht.

In Matth. 25,20–23 lesen wir, daß die ersten beiden Knechte das Geld empfangen und damit gehandelt hatten; sie hatten es investiert und für sich arbeiten lassen.

Beide Männer hatten den Betrag verdoppelt, der ihnen übergeben worden war. Der Mann, der die fünf Talente empfangen hatte, hatte sie in Umlauf gebracht und sein Können eingesetzt, um die Summe zu verdoppeln. Dasselbe hatte der Knecht getan, der die zwei Talente erhalten hatte. Auch er hatte das Geld eingesetzt und es verdoppelt.

Jeder hatte *gemäß seiner Fähigkeit* empfangen. Sie hatten nicht nur ihr Geld *verdoppelt*, sondern auch ihre *Fähigkeit*. Der Mann, der am Ende zehn Talente hatte, hatte mit dem Geld auch die Fähigkeit erworben, diesen Betrag zu verwalten. Ebenso erging es dem Mann mit den vier Talenten.

Wenn du die Mittel und Begabungen, die dir zur Verfügung stehen, bestmöglichst einsetzt, wirst du nicht nur deine Frucht, sondern auch deine Fähigkeit vermehren.

Wir können hier ein Prinzip Gottes erkennen: Sie setzten das ein, was ihnen zur Verfügung stand, und hatten schließlich doppelt so viel. Hätten sie das Geld weiter investiert, hätte es sich laufend vervielfacht.

Erkennst du, wie wichtig es ist, daß du deine Talente entsprechend deinen Fähigkeiten einsetzt? Du wirst nicht nur größere Resultate erzielen, sondern auch deine Fähigkeit wird zunehmen.

Jesus lehrt uns durch dieses Gleichnis, wie wir im Reich Gottes effektiv mitarbeiten können. Wieviel Frucht du in Seinem Reich hervorbringst, hängt davon ab, wie du die Begabungen und Talente einsetzt, die der Herr dir gegeben hat.

Paulus schreibt: *"Wenn wir zu den Gereiften – geistlich erwachsenen Christen, deren Verständnis gereift ist – gehören, reden wir (eine höhere) Weisheit [d. h. die Erkenntnis des göttlichen Plans, der früher verborgen war...]"* (1. Kor. 2,6; Erweiterte Übersetzung). Es gibt also einen göttlichen Plan, der ohne Erkenntnis verborgen bleibt.

In unserem christlichen Wandel wird uns manches erst deutlich, wenn wir reifer geworden sind. Wir müssen immer einen Stein auf den anderen setzen und Schritt für Schritt vorangehen. Wir bauen immer auf dem auf, was wir bereits gelernt haben.

Ebenso ist es im Reich Gottes. Wenn du deine Fähigkeiten in einem bestimmten Bereich entwickelt hast, wirst du dich auf einen neuen zubewegen, der größere Anforderungen an dich stellt. In dem Maß, wie du zuverlässig und fleißig bist und tust, was deine Hände vorfinden, werden sich deine Fähigkeiten erweitern, und du wirst mehr Frucht hervorbringen. Wenn du jedoch nie anfängst, etwas zu tun, wird dieses göttliche Prinzip für dich auch nicht wirksam werden.

Kapitel 5

Treue —
der entscheidende Faktor

Eines Tages fragte ich den Herrn, weshalb Er mir die Aufgabe zugeteilt hatte, durch die Bibelschule Männer und Frauen in Gottes Wort zu unterrichten, und Seine Antwort erschreckte mich zunächst. Ich hätte gerne gehört, daß meine große Begabung zu lehren, meine außerordentliche Salbung oder meine Bildung der Grund dafür war. Doch der Herr antwortete: "Ich habe dich gewählt, weil du treu bist. Du fängst eine Aufgabe nicht nur an, sondern du führst sie auch zu Ende." Er hatte Sich für mich entschieden, weil ich treu war.

In Matth. 20,16 heißt es: *"Denn viele sind berufen, aber wenige auserwählt"* (siehe auch Matth. 22,14). Über diese Schriftstelle habe ich oft nachgedacht, denn ich weiß, daß Gott die Person nicht ansieht. Er hat keine Lieblingskinder, die Er bevorzugt. Daher kam ich zu dem Schluß, daß es an uns und nicht an Gott liegen muß, ob wir auserwählt werden oder nicht. Den entscheidenden Unterschied macht unsere Treue aus!

Paulus schreibt im 1. Kor. 4,2: *"Im übrigen wird von Verwaltern **nur verlangt**, daß einer treu erfunden werde."* Gott verlangt von einem Verwalter — Seinem Diener —, daß er treu ist. Er muß nicht intelligent, redegewandt oder begabt sein. Gott legt ausschließlich Wert auf Treue. Als ich die Schrift studierte, fiel mir auf, welch bedeutenden Stellenwert diese Eigenschaft — Treue — im Leben eines Dieners Gottes einnimmt.

Im Laufe der Jahre habe ich viele Menschen gesehen, die einen Ruf Gottes auf ihrem Leben haben, aber nichts für den Herrn tun. Als ich sie mit denen verglich, die für Gott tätig waren, entdeckte ich, daß Treue der entscheidende Faktor war. Viele, die berufen sind, sind nicht auserwählt, weil sie nicht treu sein wollen. Deshalb wandeln sie nicht in dem, was der Herr eigentlich für sie vorgesehen hat. Viele Christen sitzen einfach nur herum und warten darauf, daß sie plötzlich in *ihren* weltweiten Evangelisations-Dienst, der von Zeichen und Wundern begleitet wird, eingesetzt werden. Sie weigern sich, etwas zu tun, wenn man ihnen — ihrer Meinung nach — nicht die entsprechende Ehre erweist.

Die Schrift sagt, viele sind berufen, aber nur wenige auserwählt. **Unsere Treue spielt die entscheidende Rolle!**

"Berufen" heißt "eingeladen oder aufgerufen sein", "auserwählt" dagegen "auserlesen oder ausgewählt sein". Schon die Definition der beiden Begriffe zeigt den Unterschied zwischen Berufung und Erwählung. Du bestimmst durch deine Treue, ob du zu denen gehörst, die berufen sind, oder zu denen, die auserwählt sind.

"Treue" wird definiert als "Beständigkeit in

der Durchführung einer Aufgabe, Zuverlässigkeit". Ein Synonym für Treue ist auch "Loyalität". Diese beiden Begriffe — *Treue* und *Loyalität* — mögen zunächst nebensächlich erscheinen, doch sie entscheiden letzten Endes über Erfolg oder Mißerfolg in deinem Leben oder Dienst. Treue ist ein Charaktermerkmal, eine Frucht des *neugeschaffenen menschlichen Geistes*. Wir erkennen dies anhand vieler Beispiele in der Schrift.

Die Beziehung zwischen Paulus und Timotheus etwa veranschaulicht diese Wahrheit. Timotheus war loyal. Paulus bezeichnet ihn im 1. Kor. 4,17 als seinen *"geliebten und treuen Sohn im Herrn"*. Im Philipperbrief schreibt er über Timotheus: *"Denn ich habe sonst niemand von gleicher Gesinnung, der so redlich für eure Anliegen sorgen wird; denn sie suchen alle das Ihre... Wie er sich aber bewährt hat, das wisset ihr, daß er nämlich, wie ein Kind dem Vater, mit mir Dienst getan hat für das Evangelium..."* (Phil. 2, 20-22). Timotheus ist das Vorbild eines treuen Menschen. Deshalb war er der einzige, dem Paulus so sehr vertraute, daß er ihm wichtige Aufgaben übertrug. Timotheus vertrat sowohl den Herrn als auch Paulus in angemessener Weise.

Wenn wir den Unterschied zwischen "berufen" und "auserwählt" sein betrachten wollen, wird es uns helfen, wenn wir das Leben des Apostels Paulus studieren. Obwohl er bereits in Apg. 9 zum Apostel berufen wird, wird er erst im 13. Kapitel für dieses Amt ausgesondert: *"Sondert mir Barnabas und Saulus aus zu dem Werk, zu welchem ich sie berufen habe..."* (Apg. 13,2). Nach dieser Begebenheit gingen Paulus und Barnabas auf ihre erste, zweijährige Missionsreise.

Zwischen dem Zeitpunkt der Berufung des Paulus zum Apostel und seinem Eintritt in dieses Amt vergingen 15 Jahre[1]. Es ist also offensichtlich, daß Paulus seinen Dienst nicht als Apostel begonnen hat.

Es ist ein weitverbreitetes Mißverständnis, daß ein Mensch — wenn er in ein Amt berufen ist — sofort darin tätig wird. Paulus war 15 Jahre lang treu als Zeuge Jesu Christi, als Lehrer und später als Prophet, bevor er zu dem Dienst ausgesondert wurde, zu dem Gott ihn berufen hatte. Diese Jahre waren für Paulus eine Art Probezeit, in der er die Gelegenheit bekam, sich zu bewähren.

Auch die Geschichte von Elia und Elisa läßt den Unterschied zwischen Berufung und Erwählung und die Auswirkungen von Treue erkennen:

Nachdem Elia alle Propheten Baals getötet und damit unter Beweis gestellt hatte, daß sein Herr der einzig wahre Gott ist, forderte Isebel, die Frau Ahabs, Elias Tod (1. Kö. 19). Als Elia erfuhr, daß sein Leben in Gefahr war, floh er und versteckte sich 40 Tage lang.

Am Berg Horeb beklagte er sich bei Gott darüber, daß er der einzige war, der seine Knie nicht vor Baal gebeugt hatte. Doch Gott wies ihn dar-

---

[1] Die Zeitspanne errechnet sich aus den 3 Jahren, die Paulus in Damaskus und Arabien verbrachte (Gal. 1,18), und den 14 Jahren, die in Gal. 2,1 genannt werden. Abzüglich der beiden Jahre, die er sich auf Missionsreise befand, ergeben sich die 15 Jahre zwischen seiner *Berufung* und seiner *Erwählung*.

auf hin, daß es außer ihm noch 7000 andere gab. Dann gab Gott Elia Anweisungen, wohin er gehen und wen er an seiner Stelle salben soll. *"...sollst du... Elisa... zum Propheten salben an deiner Statt..."* (Vers 16).

Elia war gehorsam und fand schließlich Elisa, der gerade mit zwölf Joch Rindern ein Feld pflügte. Elia warf ihm seinen Mantel über, und Elisa, der sich der Bedeutung dieser Handlung wohl bewußt war, bat den Propheten, sich noch von seinen Eltern verabschieden zu dürfen.

Elia überließ Elisa die Entscheidung, ob er die Berufung Gottes für sein Leben annahm. Er antwortete: *"...Gehe hin und komm wieder! Denn was habe ich dir getan?"* (Vers 20).

Daraufhin brach Elisa alle Brücken hinter sich ab und opferte ein Joch Rinder. Dann *"...machte er sich auf und folgte Elia nach und diente ihm..."* (Vers 21).

"Dienen" bedeutet hier im Hebräischen "niedere Arbeiten verrichten" oder "als Sklave dienen". Der zukünftige Prophet Israels diente Elia. Er war sein ständiger Begleiter und übernahm – kurz gesagt – alle "niederen Arbeiten", die anfielen.

Im 2. Kö. 2 lesen wir, wie der Prophet Elia in den Himmel aufgenommen wird und sein Mantel auf seinen Nachfolger fällt. Zwischen der Berufung Elisas und seinem Eintritt in das Amt des Propheten waren 20 Jahre vergangen – so lange hatte er dem Mann Gottes gedient.

Im 2. Kö. 2,1–15 wird berichtet, wie Elisa die Nachfolge Elias als *Prophet* des Landes antrat. Wenn wir die Einstellung Elisas mit der seiner Zeitgenossen vergleichen, sehen wir sehr schnell, wen Gott "befördert".

In Israel gab es zur damaligen Zeit sogenannte Prophetenschulen, in denen junge Männer – die "Prophetensöhne" – mit der Erweisung des Geistes Gottes vertraut gemacht wurden. Eine solche Schule befand sich in Bethel, eine andere in Jericho. Als Elia sich auf den Weg machte, die Schule in Bethel zu besuchen, trug er Elisa auf: *"Bleibe doch hier; der Herr hat mich gen Bethel gesandt..."* (Vers 2), doch Elisa widersprach energisch: *"So wahr der Herr lebt, und so wahr deine Seele lebt, ich verlasse dich nicht!"*

Als sie Bethel erreicht hatten, kamen die Prophetensöhne auf Elisa zu und fingen an, sich mit ihm zu unterhalten. Ihr Ton war sicherlich sehr verächtlich und spöttisch. Wahrscheinlich "dienten" sie einander, indem sie sich gegenseitig weissagten, wer wohl der nächste Prophet sein würde. Sie wußten, daß Elia in den Himmel aufgenommen werden würde, und Elisa war für sie "nur" sein Knecht.

Man kann ihre Geringschätzung an ihrem Tonfall erkennen, als sie fragten: *"Weißt du auch, daß der Herr deinen Herrn heute über deinem Haupte hinwegnehmen wird?"* (Vers 3). In anderen Worten: "Hast du denn gar keine Ahnung von geistlichen Dingen? Was hast du denn überhaupt in den letzten 20 Jahren gelernt? Weißt du denn nicht, daß *dein Herr* heute in den Himmel aufgenommen wird?"

Elisa antwortete ihnen: *"Ich weiß es auch;*

schweigt nur still..." (Vers 3). In anderen Worten: "Ja, ich weiß es. Kümmert euch um eure Angelegenheiten."

Wir wollen an dieser Stelle einen anderen Aspekt betrachten. Elisa hatte Elia 20 Jahre lang treu gedient. Und doch hatte Elisa weder ein Wunder vollbracht noch eine Weissagung ausgesprochen. Nichts ließ darauf schließen, daß er der nächste Prophet in Israel sein würde. Doch gerade hierin wird Elisas Treue und Loyalität deutlich. Wie viele Menschen kennst du, die 20 Jahre lang auf ihren eigenen Dienst gewartet haben?

Im 2. Kö. 2 lesen wir, wie Gott Treue und Loyalität belohnt. Elisa wollte Elia nicht verlassen. Seine Einstellung war: "Gott hat mich dazu berufen, dir zu dienen, und das werde ich so lange tun, bis du in den Himmel aufgenommen wirst. Dann werde ich an deiner Stelle Prophet sein."

Während sie trockenen Fußes den Jordan überquerten, forderte Elia seinen Knecht auf: *"Erbitte, was ich dir tun soll, ehe ich von dir genommen werde!* (Vers 9a). Dieser bat: *"Möchte mir doch ein **zweifacher Anteil** an deinem Geiste beschert werden..."* (Verse 9b–10a).

Was wäre geschehen, wenn Elisa — der nächste Prophet des Landes — nicht den doppelten Anteil vom Geist des Propheten empfangen hätte? Wenn er ihn nicht bekommen hätte, hätte er mit derselben Kraft gedient wie Elia.

Elisa verlangte das Recht, das jeder männliche Erstgeborene in Israel zur damaligen Zeit hatte: den doppelten Anteil des Erbes (5. Mo.

21,17). Er forderte mit anderen Worten: "Elia, du hast keine Frau und keine Kinder, und ich habe alles verlassen, um dir zu folgen. Ich war dir wie ein Sohn. Nun bitte ich dich um das, was jedem erstgeborenen Sohn zusteht: den doppelten Anteil!"

Elia antwortete: *"Du hast eine schwer zu erfüllende Bitte getan: wirst du mich sehen, wenn ich von dir genommen werde, so wird es geschehen, wo aber nicht, so wird es nicht sein"* (Vers 10). Damit überließ Elia die Entscheidung dem Herrn. Wenn Elisa sah, wie er in den Himmel aufgenommen wurde, würde er das Erbetene empfangen.

*"Und während sie noch miteinander gingen und redeten, siehe, da kam ein feuriger Wagen mit feurigen Pferden und trennte beide voneinander. Und Elia fuhr also im Wetter gen Himmel. Elisa aber sah ihn und schrie: **Mein Vater! Mein Vater! Wagen Israels und seine Reiter!**"* (Verse 11-12).

Zwischen Elia und Elisa hatte sich eine Beziehung entwickelt, die mit der eines Vaters zu seinem Sohn zu vergleichen war. Sie gab Elisa das Recht, um den doppelten Anteil der Salbung zu bitten. Er hatte dem Mann Gottes jahrelang treu gedient. Obwohl er gewußt hatte, daß er der nächste Prophet sein würde, hatte er nicht versucht, sich selbst zu erhöhen oder diese Position gewaltsam an sich zu reißen. Er diente Elia so lange, bis seine Zeit gekommen war; dann wurde er von Gott befördert.

Als Elisa nun allein zum Jordan zurückkehrte, wurde er von 50 Prophetensöhnen aus der

Ferne beobachtet. Da ergriff Elisa den Mantel, den Elia zurückgelassen hatte, schlug damit auf das Wasser und ging hindurch (Vers 14). Daraufhin änderte sich plötzlich die Meinung der Prophetensöhne: "Wir wußten ja schon längst, daß du der Nachfolger Elias sein würdest."

Elisa hatte den doppelten Anteil der Salbung empfangen, weil er sich als treu erwiesen hatte. Als Nachfolger Elias hätte Elisa das Recht auf dieselbe Salbung gehabt, doch die Beziehung, die sich zwischen den beiden wegen seiner Treue entwickelt hatte, gab ihm das Sohnesrecht, um die doppelte Salbung zu bitten.

Wir lesen, daß im Dienst Elias sieben Wunder geschahen; im Dienst von Elisa dagegen 14 — genau doppelt soviele! **Weil Elisa dem Mann Gottes treu gedient hatte, hatte er seine Salbung und seine Fähigkeit verdoppelt!**

Im Dezember 1979 sollte ich in Fresno (Kalifornien) ein Lehrseminar halten. Ich hatte zwar schon zugesagt, doch eigentlich wollte ich nicht gehen. Da wir nach Tulsa umziehen wollten, wäre ich lieber zu Hause geblieben, um meiner Frau beim Packen zu helfen.

Doch jedesmal, wenn ich bezüglich der Veranstaltung betete, drängte mich der Herr zu gehen. Eigentlich wollte ich mir die Kosten der Reise ersparen, weil wir viele Rechnungen zu bezahlen hatten und ein neues Auto für unseren Umzug brauchten. Doch ich hatte mein Wort gegeben und wollte dem Herrn nicht ungehorsam sein, also trat ich die Reise schließlich doch an. Ich mußte einfach lernen, **willig** und gehorsam zu sein.

Bei der ersten Versammlung waren 50 Leute anwesend. Nachdem das Opfer erhoben worden war, sprach der Herr zu mir: "Sohn, ich erwarte von einem Verwalter, daß er treu ist. Du bist treu und gehorsam gewesen, und dafür werde ich dich reich belohnen."

Was für ein Gedanke! Der Herr hatte *mich* für treu erfunden, und Er wollte mich dafür segnen. Was für eine demütigende Erfahrung! Ich war tief berührt.

Die Auswirkungen der Versammlung waren enorm. Menschen wurden geheilt, und die Kraft des Herrn war so stark, daß einige der Anwesenden nicht mehr stehen konnten. Ein kleiner Junge, der etwa acht oder neun Jahre alt war, hatte einen Klumpfuß, und ein Bein war zu kurz. Seine Mutter hatte ihn mitgebracht. Er wußte nichts von der Kraft Gottes, doch der Herr heilte ihn völlig. Sein Fuß wurde wieder normal, und sein Bein wuchs zur normalen Länge heraus.

Auch finanziell war der Gottesdienst ein großer Segen. Das Opfer fiel reichlich aus, und während ich mich noch in Fresno aufhielt, schickte uns jemand einen größeren Betrag nach Hause. Nun konnten wir alle unsere Rechnungen bezahlen! Kurz vor meiner Abreise kam ein junger Mann auf mich zu, und auch er gab mir einen Scheck. Der Herr hatte ihm und seiner Frau in der Nacht zuvor aufgetragen, mir diesen Betrag persönlich zu übergeben.

Der Herr hatte mir versprochen, mich für meine Treue zu belohnen — und das hat Er getan! Wir hatten großen geistlichen Segen empfangen, und auch unsere natürlichen Bedürfnisse waren versorgt. Preis dem Herrn!

Es ist sehr wichtig, daß du erkennst, wie wichtig Treue in Gottes Augen ist. Treue wird dich nie vom richtigen Weg abbringen. Ich habe niemals versucht, zur richtigen Zeit am richtigen Ort zu sein. Ich war einfach treu in dem, was ich tat, und der Herr führte mich. Wenn du treu bist, wird Er dasselbe auch für dich tun!

Kapitel 6

Der Sinn Christi

Phil. 2,5 ist eine sehr bekannte Schriftstelle, die wir oftmals aus dem Zusammenhang reißen: *"Denn ihr sollt so gesinnt sein, wie Jesus Christus auch war." Das bedeutet: Wir sollen den Sinn — die Gedanken, die Haltung und die Überzeugungen — den Charakter Christi annehmen.* Ehre sei Gott! Wir haben den Vers voller Begeisterung aufgenommen und bekannt: "Preis dem Herrn, ich habe den Sinn Christi. Gottes Wege sind mir vertraut, und ich verfolge die Absichten Seines Herzens. Seine Gedanken sind auch meine Gedanken."

In Vers 6 heißt es weiter: *"... welcher, da er sich in Gottes Gestalt befand, es nicht wie einen Raub festhielt, Gott gleich zu sein..."* Auch das haben wir mit Begeisterung bekannt: "Ich habe dieselbe Gesinnung wie Christus. Ich bin im Ebenbild Gottes geschaffen und habe jetzt Sein Wesen in mir. Deshalb bin ich ein Miterbe Jesu Christi." Diesen und andere Verse haben wir zu unserem Glaubensbekenntnis gemacht, daß wir "die Gerechtigkeit Gottes" sind.

Ja, wir sind die Gerechtigkeit Gottes! Der Mensch wurde in Gottes Ebenbild geschaffen, um auf dieser Erde zu herrschen. Doch Adam sündigte. Darum mußte Christus durch Seinen Tod und Seine Auferstehung den Menschen ermöglichen, durch die neue Geburt wieder in die Gemeinschaft mit Gott einzutreten. Als Gläubige sind wir in Ihm neugeschaffen und nun Miterben Jesu Christi. Wir sitzen mit Christus zur Rechten des Vaters.

Doch erst die Verse 7–10 lassen erkennen, was die eigentliche Aussage dieses Abschnitts ist. *"... sondern sich selbst entäußerte, die Gestalt eines Knechtes annahm und den Menschen ähnlich wurde, und in seiner äußeren Erscheinung wie ein Mensch erfunden wurde, sich selbst erniedrigte und gehorsam wurde bis zum Tod, ja bis zum Kreuzestod. Darum hat ihn auch Gott über alle Maßen erhöht und ihm den Namen geschenkt, der über allen Namen ist, damit in dem Namen Jesu sich alle Knie derer beugen, die im Himmel und auf Erden und unter der Erde sind..."*

Paulus betont hier, daß wir *wegen* unserer Position in Christus zum Dienen berufen sind. Er redet nicht davon, daß wir uns selbst erhöhen sollen. Die *Erhöhung* erfolgt nur dann, wenn wir uns entäußern und von Herzen dienen wollen.

Jesus teilt uns in Matth. 20,28 mit: *"Gleichwie des Menschen Sohn nicht gekommen ist, sich dienen zu lassen, sondern damit er diene..."* Wenn Jesus die Absicht gehabt hätte, Sich bedienen zu lassen, wäre Er im Himmel geblieben. Doch Er kam, weil Er dienen wollte, und deshalb "entäußerte Er Sich selbst".

Du kannst dich nicht selbst erniedrigen, wenn du nichts zu verlieren hast. Jesus wußte, wer Er war, und Er kannte Seinen Auftrag. Er vertraute Seinem Vater völlig, deshalb machte Er sich keine Sorgen um Seine Stellung.

Wer seine Position verteidigen will und Anerkennung von Menschen sucht, ist unsicher. Jesus dagegen war selbstsicher. Nur wenn du weißt, wer du bist, kannst du dich selbst erniedrigen. Wenn du dagegen unsicher bist, klammerst du dich an einen Titel.

Jesus demütigte Sich und war gehorsam. Wir werden demütig, indem wir lernen, gehorsam zu sein.

Ich stamme aus einer Familie mit fünf Kindern. Jeder von uns hatte bestimmte Aufgaben im Haushalt zu erledigen. Mit 16 Jahren beschloß ich, der Haushalt sei "Frauenarbeit", und teilte das meinem Vater mit.

Ich dachte, weil ich nun ein Mann sei, müßte ich keine Fußböden mehr wischen, keine Fenster mehr putzen und auch keine anderen "Frauenarbeiten" mehr verrichten. Doch ehe ich mich versah, landete ich unsanft wieder auf dem Boden der Tatsachen.

Mein Vater überzeugte mich völlig, daß Hausarbeit nicht ausschließlich Frauensache ist. Er erklärte mir, daß wir ein gemeinsames Ziel erreichen, wenn die ganze Familie bei der Hausarbeit mithelfen würde. Er machte eine Aussage, die mich im Innersten traf: "Wenn du dich als Mann minderwertig fühlst, wenn du sogenannte 'Frauenarbeit' erledigst, hast du ein Problem. Du bist unsicher und zweifelst an deiner Männlichkeit."

In diesen Worten steckt so viel Wahrheit!

Wenn du stark bist, mindert deine Tätigkeit nicht dein Selbstwertgefühl. Wir sollen uns völlig mit Christus identifizieren. Deshalb ist es nicht wichtig, in welchem Bereich wir Ihm dienen. Solange wir den Sinn Christi haben und demütig und gehorsam sind, kann Er uns so gebrauchen, wie Er es möchte.

Diese einfachen Wahrheiten, die ich in den vorherigen Kapiteln mitgeteilt habe, werden dich jede Situation überwinden lassen:

1. Gott wird nie etwas von dir verlangen, was du nicht (durch Ihn) tun könntest.

2. Wenn du deine Aufgabe nach bestem Können erledigst, wirst du deine Fähigkeit und Effektivität in Gottes Reich erweitern.

3. Wenn du treu bist, wird Gott dafür sorgen, daß du zur richtigen Zeit befördert und erhöht wirst.

Kapitel 7

Das Motiv des Herzens

Das griechische Wort "DOULOS", das im Neuen Testament für "Knecht" oder "Diener" gebraucht wird, beinhaltet eine völlig selbstlose, gegenseitige Hingabe. W.E. Vine[1] stellt fest, daß es häufig eine "freiwillige Unterordnung" beschreibt. In anderen Worten, ein Knecht tut alles aus völliger Hingabe einem anderen gegenüber – seinem Herrn. Seine Motivation ist, seinem Herrn Ehre und Anerkennung zukommen zu lassen, und nicht sich selbst. Er verfolgt die Interessen seines Meisters und nicht seine eigenen.

Obwohl ein "DOULOS" seinem Herrn völlig hingegeben ist, ist er kein Sklave im üblichen Sinn. In unserem Kulturkreis kann man dies nur sehr schwer nachvollziehen. Kannst du dir vorstellen, unter der Autorität und dem Einfluß einer anderen Person zu stehen, ohne an diese gebunden zu sein? Als Paulus sagt, er sei ein "Knecht" Jesu Christi, gebraucht er den Begriff "DOULOS"; er hatte sich dem Herrn aus freien Stücken untergeordnet.

Ein entsprechendes hebräisches Wort aus dem Alten Testament ist "freiwilliger Leibeigener"[2].

---

[1] W.E. Vine, *"An Expository Dictionary of New Testament Words"*, (Old Tappan: Fleming H. Revell, 1940), Bd. III, S. 347.

[2] J. Strong, *"Strong's Exhaustive Concordance"*, Gesamtausgabe, (Nashville: Abingdon, 1890), S. 84, Hebr. u. Chald. Wörterbuch.

2. Mose 21, 1–6

1 Das sind die Rechte, die du ihnen vorlegen sollst:

2 So du einen hebräischen Knecht kaufst, soll er sechs Jahre lang dienen, und im siebenten soll er unentgeltlich freigelassen werden.

3 Ist er allein gekommen, so soll er auch allein entlassen werden; ist er aber verehelicht gekommen, so soll sein Weib mit ihm ausgehen.

4 Hat ihm aber sein Herr ein Weib gegeben, und diese hat ihm Söhne oder Töchter geboren, so soll das Weib samt ihren Kindern seinem Herrn gehören; er aber soll allein entlassen werden.

5 Spricht aber der Knecht: Ich habe meinen Herrn, mein Weib und meine Kinder lieb, ich will nicht freigelassen werden,

6 so bringe ihn sein Herr vor Gott und stelle ihn an die Tür oder den Pfosten, und durchbohre ihm seine Ohren mit einem Pfriem, daß er ihm diene ewiglich.

Das Durchbohren des Ohrläppchens war also das Zeichen völlig freiwilliger Leibeigenschaft. Beachte folgendes: Wenn sich eine tiefe, freundschaftliche Beziehung zwischen dem Knecht und dem Meister entwickelt hatte und der Knecht nicht frei sein *wollte*, so bat er darum, seinem Herrn für immer dienen zu dürfen.

Daraufhin wurde das Ohr des Dieners durchstochen als Zeichen dafür, daß er auf seine eigenen Rechte verzichtet und sich seinem Herrn völlig ausgeliefert hatte.

Er arbeitete nicht wegen eines Lohns, sondern er hatte sein ganzes Leben dem Dienst für seinen Herrn verschrieben; er hatte sich ihm freiwillig aus Liebe untergeordnet. Er war nun nicht länger nur ein Knecht, sondern gehörte mit zum Haushalt; er war ein Familienmitglied geworden. Er blieb für immer bei seinem Herrn, und dieser sorgte nun für ihn. (Ebenso versorgt uns auch unser himmlischer Vater mit allem, was wir zum Leben brauchen, wenn wir uns Ihm unterordnen und Ihm aus Liebe dienen: *"Mein Gott aber befriedige alle eure Bedürfnisse nach seinem Reichtum in Herrlichkeit, in Christus Jesus"*, Phil. 4,19.)

Einen ähnlichen Abschnitt finden wir im 5. Buch Mose: *"Wenn dein Bruder, ein Hebräer oder eine Hebräerin, sich dir verkauft hat, so soll er dir sechs Jahre lang dienen, und im siebenten Jahre sollst du ihn frei von dir lassen."* Nun beachte folgendes: *"Und wenn du ihn frei von dir lässest, sollst du ihn nicht mit leeren Händen ziehen lassen..."* (5. Mo. 15,12-13).

Wenn ein Knecht nach sechs Jahren frei werden wollte, so durfte sein Herr ihn nicht mit leeren Händen ziehen lassen. Er durfte ihn nicht mit den Worten abspeisen: "Du bist ohne jeglichen Besitz zu mir gekommen, deshalb wirst du mich auch ohne irgendwelche Güter verlassen!" Nein, er mußte ihm einen Teil von allem geben, was er mit Hilfe des Knechts erwirtschaftet hatte.

In Vers 15 desselben Kapitels lesen wir: *"Und gedenke, daß du in Ägyptenland auch ein Knecht warst, und daß der Herr, dein Gott, dich erlöst hat; darum gebiete ich dir heute solches."*

Gott forderte also die Israeliten auf, daß es, wenn sie einen Knecht freiließen, genauso sein sollte wie bei ihrem Auszug aus Ägypten. Gott hatte sie reich begütert – mit Silber, Gold, Juwelen, Vieh und Schafen – ausziehen lassen. Wenn also ein Knecht seinen Herrn verließ, mußte der Herr ebenso dafür sorgen, daß jener reich beschenkt auszog.

5. Mose 15, 16–17
16 Sollte er aber zu dir sagen: "Ich will nicht von dir wegziehen!" weil er dich und dein Haus lieb hat, und es ihm wohl bei dir ist,
17 so nimm einen Pfriem und durchbohre ihm sein Ohr an der Tür, so ist er auf ewig dein Knecht. Mit deiner Magd sollst du auch also handeln.

Stelle dir das einmal vor: Ein Herr ist bereit, seinen Knecht gut versorgt hinauszusenden. Er will ihm Vieh, Getreide und andere Güter mit auf den Weg geben. Doch zwischen den beiden hat sich eine so tiefe Freundschaft entwickelt, daß der Knecht bittet: "All dieser Wohlstand ist wunderbar, doch ich möchte nicht weggehen. Ich möchte lieber bei dir bleiben und dir weiterhin dienen."

Ein solcher Herr muß gut für seinen Knecht gesorgt haben. Obwohl er ihm all diese Schätze anbietet, lehnt der Knecht ab: "Du bist mir mehr wert!"

Wenn du eine Firma leitest und deine Angestellten behalten möchtest, solltest du ihnen ein so angenehmes Arbeitsklima wie nur irgend möglich schaffen; du solltest sie so gut behandeln, daß sie nicht gehen wollen, selbst wenn jemand ihnen ein besseres Gehalt anbietet, weil ihnen Geld nicht das Wichtigste ist.

Die Bereitwilligkeit zu dienen

Wir haben bereits über die Bedeutung der "Einfalt des Herzens" gesprochen und erkannt, wie wichtig es ist, die Haltung eines Knechtes zu haben. Du mußt die Entscheidung treffen, daß du *dienen willst*, und es dann mit reinem Herzen tun. Eines der Probleme im Leib Christi heutzutage ist, daß viele nicht wirklich dienen wollen.

Paulus schreibt im Philipperbrief: *"Ich hoffe aber in dem Herrn Jesus, Timotheus bald zu euch zu senden, ... denn ich habe sonst niemanden von gleicher Gesinnung, der so redlich für eure Anliegen sorgen wird; denn sie suchen alle das Ihre, nicht das, was Christi Jesu ist!"* (Phil. 2,19–21). Der einzige, den Paulus zu ihnen senden konnte, war Timotheus, denn nur er war *um sie* besorgt und nicht um seinen eigenen Vorteil.

Timotheus' Motive waren rein, ebenso wie die des Paulus. Beide bezeichneten sich selbst als Knechte. Wenn du ein Knecht bist, kann Gott dich gebrauchen, weil du treu sein wirst. Paulus erwähnt im 1. Kor. 4,2, daß von einem Verwalter, einem Knecht Gottes, Treue verlangt wird. Es gibt keinen höheren Ruf im Leben eines

Menschen, als ein treuer Diener Gottes mit reinem Herzen zu sein. Wenn du jedoch nicht mit dem Leben und dem Wesen Gottes erfüllt bist und den Sinn Christi hast, kannst du kein solcher Diener sein.

Im 1. Kapitel des Römerbriefs spricht Paulus über ein weiteres Merkmal eines Knechts. Er betont, daß wir ein "ausgesondertes" Leben führen sollen — "ausgesondert zum Evangelium Gottes". Manche Menschen verstehen unter einem Leben mit Gott etwas völlig anderes. Sie erklären stolz: "Ich bin frei. Ich muß nicht regelmäßig zum Gottesdienst gehen. Ich bin zur Freiheit berufen! Ich werde fest in der Freiheit stehen, zu der Christus mich berufen hat. Ich werde mich nicht wieder unter ein Joch der Knechtschaft bringen lassen. Niemand wird mir irgendwelche Zwänge auferlegen und mich binden können!"

Wieso sollte der Besuch des Gottesdienstes ein Zwang sein? Wenn also solche Menschen sagen, sie seien "frei", meinen sie damit eigentlich, daß sie fleischliche Dinge tun können, die Sünde sind.

Paulus sagte: *"Alles ist mir erlaubt; aber ich will mich von nichts beherrschen lassen"* (1. Kor. 6,12). Auch diese Aussage wird oftmals verwendet, um die Freiheit, die wir in Christus haben, zu einem Vorwand für das Fleisch zu machen: "Ich bin frei; deshalb kann ich tun und lassen, was ich will." Doch ein solches Verhalten entspringt nicht der Freiheit, von der Jesus sprach, denn die Bibel weist an anderer Stelle ausdrücklich darauf hin: *"Nun aber, da ihr von der Sünde frei und Gott dienstbar geworden seid, habt ihr als eure Frucht die Heiligung, als Ende aber das ewige Leben"* (Röm. 6,22).

Du bist nicht freigemacht worden, um zu sündigen oder der Lust deines Fleisches nachzugeben, sondern um Gott dienen zu können. Du kannst nicht einfach alles tun, was du vielleicht möchtest. Vor deiner neuen Geburt hattest du keine andere Wahl. Dein altes Wesen zwang dich zur Sünde, weil du unter die Herrschaft Satans versklavt warst. Doch nun bist du von der Macht der Sünde erlöst. Das ist wahre Freiheit!

Kapitel 8

Die Aufgaben eines Knechts

Jesus hatte die Herzenseinstellung eines Knechts. In Matth. 10,24–25 heißt es: *"Der Jünger ist nicht über dem Meister, noch der Knecht über seinem Herrn. Es ist für den Jünger genug, daß er sei wie sein Meister und der Knecht wie sein Herr..."*

Manche Gläubige werden stolz, weil sie eine bestimmte Aufgabe im Leib Christi haben oder in den Geistesgaben dienen. Doch das ist nicht richtig. Jesus lehrte, daß der Jünger sein soll wie sein Meister, und der Knecht wie sein Herr.

Paulus erklärte: "Ich bin ein Diener — nichts anderes. Ich bin ein Knecht Jesu Christi." Diese Erkenntnis schließt Streit, Konkurrenzdenken und jedes innerliche Aufbegehren von vorne herein aus. Weil ich ein Knecht bin, bin ich nur dafür verantwortlich, die Anordnungen meines Herrn auszuführen (Röm. 1,1).

Im selben Vers bezeichnet sich Paulus als ein *"berufener Apostel"*. Man könnte dies auch so lesen: "Paulus, Knecht Jesu Christi, *zum Dienst als Apostel berufen*..." Paulus sagte also mit anderen Worten: "Ich *bin* ein Knecht und *diene als* Apostel."

In Eph. 4,11 heißt es, daß Jesus den Menschen Gaben gegeben hat: *"Und er hat gegeben etliche zu Aposteln, etliche zu Propheten, etliche zu Evangelisten, etliche zu Hirten und Lehrern..."* Hier ist die Rede vom fünffältigen Dienst.

Der Heilige Geist betont von Zeit zu Zeit verschiedene Dienste.

Paulus schreibt im 1. Kapitel des Römerbriefs, daß er ein Knecht sei, der als Apostel tätig ist. Wenn ich den Herrn von ganzem Herzen liebe und Ihm deshalb freiwillig diene, ist alles, was ich tue, darauf ausgerichtet ist, Seinen Willen zu erfüllen. Es ist nicht wichtig, was ich tue, *denn meine Aufgabe bestimmt nicht den Wert meiner Persönlichkeit.*

Du wirst dich nur dann darüber ärgern, daß du als Ordner eingesetzt wirst, wenn du deine Tätigkeit mit deinem persönlichen Wert gleichsetzt. Doch du führst nur die Aufgabe eines Ordners aus; du *bist* nicht das, was du tust. Du bist ein Knecht Jesu Christi. Welche Rolle spielt es also, in welchem Bereich du tätig bist, wenn du deine Arbeit mit reinen Motiven für den Herrn tust und den Willen Gottes bereitwillig ausführst?

Als ein Knecht Jesu Christi wird dein Aufgabenbereich vom Herrn bestimmt, nicht von dir. *Der Diener wird mit seinem Herrn gleichgesetzt.* Gott bemißt deinen Wert nicht nach deiner Tätigkeit, sondern Er erachtet dich als kostbar und wertvoll in Jesus Christus.

Es ist nicht wichtig, *was* du tust – ob du als Apostel, als Prophet, Evangelist, Pastor oder Lehrer dienst, ob du im Hilfsdienst, als Begrüßer in deiner Gemeinde, als Seelsorger oder

Ordner beschäftigt bist oder ob du einfach nur gastfrei bist und Besucher bei dir aufnimmst. Es ist völlig unwichtig, denn du bist ein Knecht.

Als Gott meine Herzenseinstellung veränderte, habe ich meine "Strong's Konkordanz" zu Rate gezogen und alle Schriftstellen notiert, die "Knecht" oder "Diener" enthielten. Dann las ich diese Verse in meiner Bibel und markierte die passenden Versverweise auf der Liste; die unpassenden strich ich.

Ich wollte auch Röm. 1,1 wegstreichen, doch der Geist des Herrn hielt mich davon ab: "Nein, lies diesen Satz noch einmal." Ich war verwundert, denn meiner Meinung nach enthielt dieser Vers nichts, was in dem Augenblick für mich wichtig gewesen wäre. Doch der Herr bestand darauf: "Lies diese Stelle noch einmal!"

Röm. 1,1 ist ein Grußwort, mit dem Paulus den Brief beginnt. Ich pflegte für gewöhnlich die Begrüßungen so zu lesen wie das Geschlechtsregister im Matthäus- oder Lukas-Evangelium: "...der Sohn des...der Sohn des...der Sohn des..." Ich überflog sie einfach nur.

Genau dasselbe hatte ich mit dem Grußwort im Römerbrief getan. *"Paulus, Knecht Jesu Christi, berufener Apostel, ausgesondert zum Evangelium Gottes..."* Ich wollte weiterlesen, doch Gott brachte mich immer wieder zu dieser Stelle zurück. Ich beschloß, darüber nachzudenken, denn scheinbar gab es dort etwas, was ich nicht erkannt hatte.

In diesem einleitenden Vers kann man das Herz und die Einstellung des Apostels Paulus erkennen. Er sagt uns darin, wer er war, was seine Aufgabe war, und wie er lebte. Er war ein Knecht, der als Apostel tätig und zum Evangelium ausgesondert war. Wenn wir erfolgreich sein wollen, müssen auch wir uns bewußt sein, wer wir sind und was unsere Berufung ist.

In den 60er Jahren war das Thema "Selbstverwirklichung" sehr aktuell. Jeder wollte herausfinden, wer er war. Doch du kannst erst dann deine wahre Identität herausfinden, wenn du von neuem geboren bist. Dann erfährst du, wer du in Christus bist, und kannst anfangen, Gott zu dienen.

Doch selbst viele Gläubige im Leib Christi fragen sich noch: "Wer bin ich eigentlich, Herr?" Paulus hat diese Frage für uns alle in der ersten Zeile des Römerbriefs beantwortet. Wir sind Knechte Jesu Christi.

Paulus sagte: "Ich bin ein 'DOULOS', ein freiwilliger Diener. In anderen Worten: "Ich bin Paulus, ein 'DOULOS', ein Knecht Jesu Christi, Gottes Diener. Ich bin ein 'Sklave aus Liebe'. Als Er mir auf der Straße nach Damaskus erschienen ist, entschied ich mich, mein ganzes Leben lang Sein Knecht zu sein. Jetzt lebe nicht mehr ich, sondern Er lebt in mir. *Ich bin Sein Diener.*"

Einige Menschen haben ihre Einstellung mir gegenüber geändert, als sie erfuhren, daß ich der Autor des Buches *"Hilfeleistung – ein unterstützender Dienst"*[1] und Mitarbeiter eines großen

---

[1] M. Landsman, *"Hilfeleistung – ein unterstützender Dienst"*, (in deutscher Sprache erschienen bei "Wort des Glaubens", Verlags-GmbH, Feldkirchen/München, 1989).

Dienstes bin. Doch ein solches Verhalten ist nicht richtig!

Ich möchte nicht mit meiner Tätigkeit gleichgesetzt werden. Ich möchte daran erkannt werden, daß ich eine Beziehung zum Herrn habe. Ich bin ein Knecht Jesu Christi. Wenn du begreifst, daß du ein Diener bist — daß dies deiner *neuen Natur* entspricht —, ist es nicht wichtig, in welchem Aufgabenbereich du eingesetzt bist, denn er wurde von Gott festgelegt. Du wirst nicht mit deiner Aufgabe identifiziert, sondern mit deinem Herrn.

"Ach, du arbeitest in dieser Gemeinde?" — "Ja". Manche denken nun: "Es ist wohl besser, wenn ich ihn zuvorkommend behandle, denn schließlich ist er bei diesem angesehenen christlichen Dienst beschäftigt." Eine solche Begründung ist völlig falsch. Wir sollen einander zuvorkommend behandeln, *weil wir Knechte des Herrn Jesus Christus sind*.

Gott legt unseren Aufgabenbereich fest

Wir sind Diener Gottes und werden als solche betrachtet. Was wir für Gott tun und wie wir es tun, spielt keine Rolle. Wenn wir eine Beziehung zu Ihm haben, wird Er uns die Fähigkeit geben, jede Aufgabe, die Er uns aufträgt, auszuführen.

Vielleicht dienst du wie ich vor allen Dingen als Lehrer im Leib Christi. Doch ich bin kein Lehrer, sondern ein Knecht Christi. Wenn ich mich darauf versteife und behaupte: "Ich bin ein Lehrer, ich bin ein Lehrer, ich bin ein Lehrer!"

— dann kann Gott mich in keinem anderen Bereich gebrauchen. Doch wenn ich mich einfach als Knecht betrachte, entscheidet der Herr, was meine Aufgaben sind, und nicht ich.

Die Gläubigen müssen ihre vorrangige Aufgabe erkennen, indem sie begreifen, daß sie eigentlich Knechte sind. Wenn sie anfangen zu dienen, erfüllen sie Gottes Herzenswunsch. Ihre Aufgaben werden sich ändern; sie werden ständig wechseln.

Paulus war ein Knecht, deshalb erklärte er: *"Und darum danke ich dem, der mir Kraft verliehen hat, Christus Jesus, unsrem Herrn, daß er mich treu erachtet und in den Dienst eingesetzt hat..."* (1. Tim. 1,12). Wenn du dich selbst als Diener betrachtest und weißt, daß du wie Paulus ein Knecht Christi *bist*, kann Gott dich gebrauchen.

Kapitel 9

Das Paradoxon der Größe

Das christliche Leben ist, an den Maßstäben der Welt gemessen, scheinbar voller Widersprüche. Das Prinzip der Welt lautet: "Jeder ist sich selbst der Nächste." Doch Gottes Wort verheißt im Gegensatz dazu: *"Gebet, so wird euch gegeben werden..."* (Luk. 6,38). Nirgendwo steht: "Bring' du nur dein Schäfchen ins trockene!" In Röm. 8,14-17 heißt es, daß wir nicht länger Knechte, sondern Gottes Kinder sind. Und doch teilt das Wort uns mit, daß wir gerade aus diesem Grund – weil wir Kinder Gottes sind – uns entäußern können, um von Herzen zu dienen und so wahre Knechte des Herrn zu sein!

Jesus erklärt das "Paradoxon der Größe" im Reich Gottes in Mark. 9,30-34:

Markus 9, 30-34
30 Und sie gingen von dort weg und zogen durch Galiläa. Und er wollte nicht, daß es jemand erfahre.
31 Denn er lehrte seine Jünger und sprach zu ihnen: Des Menschen Sohn wird in der Menschen Hände übergeben; und sie werden ihn töten, und nachdem er getötet worden ist, wird er am dritten Tage wieder auferstehen.
32 Sie aber verstanden das Wort nicht und fürchteten sich, ihn zu fragen.

33 Und er kam nach Kapernaum; und als er zu Hause angelangt war, fragte er sie: Was habt ihr unterwegs miteinander verhandelt? **34** Sie aber schwiegen; denn sie hatten unterwegs miteinander verhandelt, wer der Größte sei.

Verhalten sich viele Christen nicht ähnlich? Sie *"hatten unterwegs miteinander verhandelt, wer der Größte sei!"*

Markus 9, 35
35 Und er setzte sich und rief die Zwölf und sprach zu ihnen: Wenn jemand der Erste sein will, so sei er von allen der Letzte und aller Diener.

Wenn du groß sein möchtest, mußt du allen anderen dienen. Jesus versteht unter wahrer Größe, ein Diener, ein Knecht aller, zu sein. Wir dagegen verstehen darunter, bekannt und berühmt zu werden. Diese beiden Vorstellungen widersprechen sich nicht, denn wenn du der Diener aller anderen bist, wird Gott dich befördern.

Ich weiß von einem Mann Gottes, daß er schon schon seit Jahrzehnten dieselbe Botschaft predigt. In den ersten Jahren seines Dienstes war das Thema, das Gott ihm aufgetragen hatte, ziemlich unpopulär. Doch heute ist er überall anerkannt. Die Umstände konnten ihn nicht von seinem Auftrag abbringen. Er predigt immer noch dieselbe Botschaft – er hat dem Herrn treu gedient.

Viele Gläubige haben schließlich die Wahrheiten in seiner Predigt entdeckt, die schon zu

Beginn seines Dienstes für diejenigen, die sie glaubten, wirksam wurden. Durch seine wachsende Beliebtheit gewann jedoch seine Predigt nicht an Wahrheit, und er wurde deshalb auch nicht treuer.

Gottes Wort ist zu jeder Zeit und ungeachtet der Umstände wirksam, ganz gleich wer es verkündigt, denn es ist die Wahrheit. Jesus hatte erklärt: *"Wenn jemand der Erste sein will, so sei er von allen der Letzte und aller Diener."* Das ist die Wahrheit!

Schließlich gelangte ich zu dem Punkt, wo mein einziger Wunsch war, dem Herrn zu dienen. Als ich das tat, was vor Ihm wohlgefällig war und Sein Reich förderte, wurde ich bekannt, ohne es zu bemerken. Na und? Heute verschwende ich keinen Gedanken mehr daran.

Im nächsten Kapitel des Markus-Evangeliums wird die Unterhaltung der Jünger mit Jesus fortgesetzt.

> **Markus 10, 35–37**
> **35 Da begaben sich Jakobus und Johannes, die Söhne des Zebedäus, zu ihm und sprachen: Meister, wir wünschen, daß du uns gewährtest, um was wir dich bitten!**
> **36 Er aber sprach zu ihnen: Was wünscht ihr, daß ich euch tun soll?**
> **37 Sie sprachen zu ihm: Verleihe uns, daß wir einer zu deiner Rechten und einer zu deiner Linken sitzen in deiner Herrlichkeit!**

Sie sagten mit anderen Worten: "Wir wollen gar nicht viel, wir möchten nur einer zu deiner

Rechten und einer zu deiner Linken sitzen in Deiner Herrlichkeit! Wir wollen diese beiden ehrenvollen Positionen in alle Ewigkeit innehaben. Das ist doch sicher nicht zuviel verlangt!"

Markus 10, 38−41
38 Jesus aber sprach zu ihnen: Ihr wisset nicht, um was ihr bittet! Könnt ihr den Kelch trinken, den ich trinke, und getauft werden mit der Taufe, womit ich getauft werde?
39 Sie sprachen zu ihm: Wir können es! Jesus aber sprach zu ihnen: Ihr werdet zwar den Kelch trinken, den ich trinke, und getauft werden mit der Taufe, womit ich getauft werde;
40 aber das Sitzen zu meiner Rechten und zu meiner Linken zu verleihen, steht nicht mir zu, sondern es wird denen zuteil, welchen es bereitet ist.
41 Und als die Zehn es hörten, fingen sie an, über Jakobus und Johannes unwillig zu werden.

Reagieren nicht die meisten Menschen so? Weißt du, warum die anderen Jünger "unwillig" auf Jakobus und Johannes wurden? Sie dachten: "Wie können sie es wagen, um diese Position der Würde zu bitten?" Sie befürchteten, daß Jakobus und Johannes einen Ehrenplatz bekommen würden und sie nicht. Vermutlich waren sie verärgert, weil es ihnen nicht zuerst eingefallen war, Jesus darum zu bitten!

Markus 10, 42
42 Aber Jesus rief sie zu sich und sprach zu ihnen: Ihr wisset, daß diejenigen, welche als Herrscher der Völker gelten, sie herrisch behandeln und daß ihre Großen sie vergewaltigen.

Er wies sie darauf hin, welche Methoden in der Welt gang und gäbe waren: "Sie herrschen und regieren. Sie üben ihre Autorität mit Selbstsucht und Stolz aus; wenn sie eine Position innehaben, lassen sie es jeden wissen."

Markus 10, 43–45
43 *Unter euch aber soll es nicht so sein;* sondern wer unter euch groß werden will, der sei euer Diener,
44 und wer unter euch der Erste sein will, der sei aller Knecht.
45 Denn auch des Menschen Sohn ist nicht gekommen, um sich bedienen zu lassen, sondern um zu dienen und sein Leben zu geben als Lösegeld für viele.

Diese letzten Verse fassen alles zusammen, was Jesus ausdrücken wollte. Sie zeigen Seine Einstellung – die Haltung eines Knechts. Er erklärte: "Ich bin nicht gekommen, um Mich bedienen zu lassen. Wenn dies Meine Absicht gewesen wäre, wäre Ich bei Meinem Vater geblieben. Dann hätten Mir alle Engel gedient. Doch Ich bin nicht gekommen, um Mich bedienen zu lassen, sondern um zu dienen. Ich bin nicht gekommen, um zu nehmen, sondern um zu geben."

Leider gibt es viele Prediger, die sich bedienen lassen und ihren eigenen Vorteil suchen. Sie haben festgestellt, daß ihnen zurückgegeben wird, wenn sie geben. Und genau deshalb geben sie – um zurückzubekommen! Doch diese Einstellung ist falsch.

Wir lesen darüber in Matth. 23,11: *"Der Größte aber unter euch soll euer Diener sein."* Jesus brachte damit zum Ausdruck: "Du willst groß sein, du willst sogar der Größte von allen sein? Ich werde dir zeigen, wie du dieses Ziel erreichen kannst: Diene den anderen – das ist wahre Größe."

Matthäus 23, 12
12 Wer sich aber selbst erhöht, der wird erniedrigt werden, und wer sich selbst erniedrigt, der wird erhöht werden.

So unglaublich es auch erscheint, ich war tatsächlich in Gemeinden, wo sich die Diener Gottes darum stritten, wer die größere Gabe habe und wer gemäß der Manifestation dieser "Gabe" die höchste Autorität dort hatte. Sie waren kurz davor, sich gegenseitig zu beschimpfen. "Der Prophet ist der Größte!" – "Nein, der Apostel!"

In der Ortsgemeinde ist der Pastor die höchste Autorität. Paulus setzte seine apostolische Vollmacht nur in den Gemeinden ein, die er gegründet hatte, und auch nur so lange, bis Gott einen Pastor in die betreffenden Gemeinden sandte.

Es gibt in der Ortsgemeinde keine höhere Autorität als den Pastor. Der Apostel wird eine Gemeinde als Ausgangspunkt haben, und Gott wird auch Propheten in die Gemeinde setzen. Doch ein Prophet gibt keine Anweisungen. Der Heilige Geist führt und leitet. Die Bibel sagt nicht: "Denn alle, die sich von Propheten leiten lassen, sind Gottes Kinder", sondern: *"Denn alle, die sich vom Geiste Gottes leiten lassen, sind Gottes Kinder"* (Röm. 8,14).

Wenn wir im Himmel unsere Belohnungen empfangen, wird Gott ausschließlich unsere Treue und unseren Gehorsam berücksichtigen — nicht die Ämter, in die wir eingesetzt waren. Ganz gleich, ob du im fünffältigen Dienst gestanden oder im Bereich der Hilfeleistung mitgearbeitet hast, dein Lohn wird gemäß deiner Treue und deiner Bereitwilligkeit zu dienen ausfallen. Wenn du willig und gehorsam die Aufgaben ausgeführt hast, die der Herr dir aufgetragen hat, dann wird dir *"der Eingang in das ewige Reich unsres Herrn und Retters Jesus Christus reichlich gewährt werden"* (2. Petr. 1,11). So möchte ich in das Reich Gottes eingehen! Jesus ließ keinen Zweifel: Der Größte soll der Diener aller sein.

Er gab uns das Beispiel einer dienstbaren Herzenseinstellung im Johannes-Evangelium:

Johannes 13, 2–4
2 Und während der Mahlzeit, als schon der Teufel dem Judas, Simons Sohn, dem Ischariot, ins Herz gegeben hatte, ihn zu verraten,
3 obgleich Jesus wußte, daß ihm der Vater alles in die Hände gegeben habe und daß er von Gott ausgegangen sei und zu Gott hingehe,

4 steht er vom Mahle auf, legt seine Kleider ab, nimmt einen Schurz und umgürtet sich;

Historiker behaupten, daß der Schurz, den Er nahm, die Stellung des niedrigsten Sklaven repräsentierte. In einem unwürdigeren Stand konnte man sich gar nicht befinden. Der Sklave, der den anderen die Füße waschen mußte, war der Geringste von allen.

Er hatte die niedersten Arbeiten zu verrichten. Jesus, der König der Könige und Herr der Herren, nahm diesen Schurz und fing an, den Jüngern die Füße zu waschen. Er war der König der Herrlichkeit, und doch kam Er auf die Erde und erniedrigte Sich bis zum äußersten.

Johannes 13, 5
5 ...darauf goß er Wasser in das Becken und fing an, den Jüngern die Füße zu waschen und sie mit dem Schurz zu trocknen, mit dem er umgürtet war.

Ich kann mir sehr gut vorstellen, wie Petrus die Situation beobachtet und insgeheim gedacht hat: "Er sollte das nicht tun. Er ist doch der Messias. Es ist unter Seiner Würde, so zu handeln!"

Johannes 13, 6–9
6 Da kommt er zu Simon Petrus, und dieser spricht zu ihm: Herr, solltest du mir die Füße waschen?
7 Jesus antwortete und sprach zu ihm: Was ich tue, weißt du jetzt nicht, du wirst es aber hernach erfahren.

**8 Petrus spricht zu ihm: Nimmermehr sollst du mir die Füße waschen! Jesus antwortete ihm: Werde ich dich nicht waschen, so hast du keine Gemeinschaft mit mir.
9 Simon Petrus spricht zu ihm: Herr, nicht meine Füße nur, sondern auch die Hände und das Haupt!**

Mir gefällt das ehrliche, aber ungestüme Wesen des Petrus. Zuerst versichert er Jesus: *"Nimmermehr sollst du mir die Füße waschen!"* Damit will er ausdrücken: "Du bist zu gut dafür, Herr!" Doch als Jesus ihn darauf hinweist, daß er keinen Anteil am Reich Gottes haben wird, wenn Er ihm nicht die Füße wäscht, ändert sich seine Meinung radikal.

Er will nun, daß Jesus ihm nicht nur die Füße, sondern auch das Haupt und die Hände wäscht! Damit sagte er: "Ich will nicht nur einen Anteil, ich will alles!" Hier offenbart sich das Herz einen wahren Knechts. Er will Seinem Herrn hingebungsvoll dienen. Mir gefällt, was Jesus ihm antwortet: *"Wer gebadet ist, hat nicht nötig, gewaschen zu werden, ausgenommen die Füße, sondern er ist ganz rein. Und ihr seid rein, aber nicht alle. Denn er kannte seinen Verräter; darum sagte er: Ihr seid nicht alle rein"* (Verse 10–11).

Jesus benutzt sogar das letzte Abendmahl mit den Jüngern als Gelegenheit, sie zu lehren. Er erklärt ihnen: "Ihr seid gereinigt durch das Wort, das Ich zu euch geredet habe. Wenn ihr von neuem geboren seid, seid ihr rein. Ihr seid nicht von dieser Welt, aber ihr seid in dieser Welt. Wenn eure Füße deshalb ein wenig schmutzig werden, wird das Wort, das Ich euch gegeben habe, euch wieder reinwaschen." ("*... wenn wir aber unsere Sünden bekennen, so ist er treu und gerecht, daß er uns die Sünden vergibt und uns reinigt von aller Ungerechtigkeit*"; 1. Joh. 1,9).

Johannes 13, 12
12 Nachdem er nun ihre Füße gewaschen und seine Kleider angezogen hatte, setzte er sich wieder zu Tische und sprach zu ihnen: Versteht ihr, was ich euch getan habe?

Bestimmt bejahten alle seine Frage: "Natürlich, du hast unsere Füße gewaschen!"
Doch Er entgegnete: "*Ihr heißet mich Meister und Herr und saget es mit Recht; denn ich bin es auch. Wenn nun ich, der Herr und Meister, euch die Füße gewaschen habe, so sollt auch ihr einander die Füße waschen*" (Verse 13-14).
Auf diese Schriftstelle haben einige Gläubige eine eigene Lehre gegründet und Gottesdienste veranstaltet, in denen sie sich gegenseitig die Füße wuschen. Doch das hatte Jesus nicht gemeint. Er wollte damit sagen: "Hört zu, Ich habe euch ein Beispiel gegeben. Wenn Ich, euer Herr und Meister, euch diene, könnt ihr auch einander dienen."

Johannes 13, 16-17
16 Wahrlich, wahrlich, ich sage euch, der Knecht ist nicht größer als sein Herr, noch der Gesandte größer als der ihn gesandt hat.
17 Wenn ihr solches wisset, selig seid ihr, so ihr es tut.

Er betonte: "Es ist nicht genug, diese Wahrheiten nur zu kennen, ihr müßt sie auch tun!" Um erfüllt und zufrieden zu sein, mußt du in den Werken wandeln, die Gott für dich vorbereitet hat.

Viele Gläubige führen kein erfülltes Leben, weil sie nicht bereit sind zu dienen. Einige von ihnen erzählen bei jeder Gelegenheit: "Ich bin ein Apostel! Ich bin ein Prophet!" Sie sind bedauernswerte, unzufriedene Menschen, weil sie nicht die Herzenseinstellung eines Dieners haben.

Es gibt auch Pastoren, die zwar Menschen dienen, aber sich dabei von ihnen beeinflussen lassen. Daran hat Gott kein Wohlgefallen. Ihnen geht es schlecht, die Gemeindemitglieder sind unzufrieden, und alle denken, daß sie sich eben damit abfinden müssen. Jeder fühlt sich unwohl, doch sie trösten sich mit dem Gedanken, daß sie ja eines Tages im Himmel sein werden. Dank sei Gott, daß wir auch schon hier auf der Erde ein überfließendes Leben in der Kraft Gottes führen können!

Jesus versuchte den Jüngern durch Sein Vorbild und durch Seine Lehre ein Beispiel zu vermitteln. Es war Sein Wunsch, daß sie Ihm ähnlich wurden und die Herzenshaltung eines Dieners entwickelten. Deshalb lehrte Er sie: "Ich habe euch ein Beispiel hinterlassen. Wenn Ich Mich erniedrigen kann, dann könnt ihr dasselbe tun und einander dienen. Wer unter euch groß sein will, der soll euer aller Knecht sein!"

Dein Wunsch sollte also sein, dem Herrn zu

dienen, und nicht, geehrt und erhöht zu werden. Als Jesus die Volksmenge speiste, tat Er es, um ihrer Not zu begegnen, und nicht, weil Er geehrt und bewundert werden wollte. Wir sollten Seinem Vorbild nacheifern!

Die Herzenseinstellung, die deine Handlungen bestimmt, wird über den Ausgang jeder Situation in deinem Leben entscheiden. Von ihr hängt es ab, wie andere Menschen auf dich reagieren, und wie du mit deinen Nächsten umgehst.

Wenn du den Sinn Christi hast und dich selbst als einen Knecht des Herrn betrachtest, wirst du Ihm immer ähnlicher. Du wirst ein großes Verlangen haben, Ihm zu dienen. Das Ziel deines Lebens ist dann, den Nöten der Menschen zu begegnen und Jesus zu verherrlichen.

Die Ungläubigen in der Welt erhöhen sich selbst – ebenso wie Satan. Ein Christ dagegen sollte Jesus die Ehre geben und alle Aufmerksamkeit auf Ihn lenken.

Wenn du dies tust und ein reines Herz bewahrst, wirst du den Willen Gottes für dein Leben erfüllen. Du wirst dem Herrn eines Tages mit Freude Rechenschaft ablegen können, denn deine Aufgabe in Gottes Reich ist nicht zum Mittel geworden, um Ruhm und Ehre für dich zu erwerben.

Ich bete, daß wir alle die Gesinnung entwickeln, die Jesus hatte: *von Herzen dienen zu wollen.*